www.tredition.de

AF185201

Elmar Perkmann

Ich bin in deinen Kreis gefallen

Lyrik und Erzählgedichte

www.tredition.de

© 2015 Elmar Perkmann
Umschlag, Illustration: Elmar Perkmann
http://www.elmar-perkmann.eu
Verlag: tredition GmbH, Hamburg

ISBN
Paperback   978-3-7323-6713-9
Hardcover   978-3-7323-6714-6
e-Book   978-3-7323-6715-3

Printed in Germany

Besuch

Durch einen Türspalt
stahl ich mich in dein Revier.

Zu spät
legtest du die
Sperrkette vor

und ich bin da
mache mich breit
auf deinem Kanapee
und fülle deinen Raum.

Manchmal sehe ich dich ans Fenster
treten
um es zu öffnen
damit ich geh

Doch drehst du dich immer wieder um
und kommst
mit einem halben Lächeln
dann zurück.

Du bist zwar da

Du bist zwar da:

irgendwo dein Atemholen
dein Blickewerfen
dein Deodorant

bist da

durchwatest den Raum
irgendwie

doch hast du verloren
an deiner Substanz

du bist zwar noch da
doch bist du's nicht ganz

der Rest
ist zum Opfer gefallen
der Zeit

dem Zeitstrom
als Futter gestreut

Bitte um Raum

Spürst du die fragezeichen
die ich an deine anschrift schicke?
Nimm sie auf und klebe daraus,
ich bitte dich
ein unvollständiges gedicht.

Ich weiß:

das was du liest sind nichts als
rahmenlose stücke
ein strahl der sich
in tausend farben bricht.

Spürst du den strom der hieroglyphen
die ich in deine richtung sende?

Nimm sie auf und sammle sie,
ich bitte dich
und schenk mir etwas zeit
nur einen augenblick:

dann nimm sie so wie eine perlenschnur
in deine hände

und bau daraus ein bild von mir
ein unvollständiges mosaik

Beschwörung

Bleib wo du bist:
dein gesicht klingt hell im wasser
und deine arme
fließen sanft um meinen hals
aus der erinnerung.

Bleib dort, wo du bist:
deine blicke gleiten
mühelos und ohne
glitzern aus kristall
in meine augen
und deine finger
spielen leicht
um meinen mund.

Bleib, bleib wo du bist:

ich stolpre rückwärts in die zeit
um zu fühlen
dein gesicht
dein weiches haar.

Du bleibst dort, wo du bist.

Ich stoße an meinen engen raum aus
Stahlbeton

Abseits der Straße

Räume in deinen augen
kathedralenflure

Ich trete befangen
in deinen fangarmkreis

Auftut sich
vor meinem körper
inselartigkeit

Lass fahren
deine zeit und meine

und brich
den stahl aus deinem blick

Abenddämmerung

Abendrot
lässt seine Schleuse fahren

flutet alles
mit dumpfer Glut

und ich trinke
in vollen Zügen

diese Minuten
lebendes Blut

Alltagsonate

Leier
unsre tage
unser pulsschlag
rosenkranzverläufe
ohne aufgeplatzte naht
mit swiss-made
ankerwerk.

Solange

bis der kondorschrei
durch diese wüste zieht
und wir die aufgetürmten dünen
in der sanduhr
nicht mehr übersehn

und zählen werden wir
die letzten krümel
atemzug
fragmente

und dann als spätherbstblatt
bedeutungslos
vorüberwehn.

Dein Haar

Dein Haar
Aphrodite:

Gaze über der blutenden
Wunde deines Gesichts
Wenn sie sich lösen
Aus der grauen
Folie
Der Täglichkeiten

Und tasten nach
Augen

Heimatlos
Auf Exkursion

Auf Suche
nach einer Ecke

Sicherheit

Dein Mund steigt auf

dein mund steigt auf über meinem haar
ein weich gezogner horizont:

deine glieder füllen den raum
tauen zu wachs
in meinem arm

Ich nehme deine brille fort
und meine

denn:

ausbleibt
über unsren augenblicken

sehen müssen.

Bitte

pinsle mir
ein bisschen Blau
in dieses
Weiß
in dieses
Grau
in diese düsteren Tage

Gib einen Hauch
von Frühlingswind

ein Lächeln

einen Blick geschwind -

ein einziges Trostwort sage...

Schwarze Wolkenknäuel

Sommer ist ins Land gezogen
es war ein Frühling
wie es keinen gab
so voller Grün und
voller Blüten
von Vogelstimmen
und von Düften voll.

Und Elfen wisperten am Wasser
feingliederige, sanfte Feen
an silberheller muntrer Quelle
die übermütig aus dem Felsen quoll.

Doch da,
da gab es diese schwarzen
Wolkenknäuel
die sich gewaltsam
vor die Sonne schoben
mit einer Drohgebärde
nicht zu übersehn -

wer brach da mit Gewalt
in die Idylle ein?

Was ist geschehn?

Der andere

Druck auf mir gelee
dann wenn du wirst
dekorateuse
stukkateuse deiner selbst

Dein lachen
sprudelt in die ferne
und ich:

garderobiere
im foyer eurer bühne
ein blinder passagier

Mein horizont wird
Zifferblatt

Sekunden
Tropennächte.

Der Einsame

Der Einsame
flattert mit der Fahne
im Wind.

Der Einsame
Dreht sich mit dem Blättern
im Wind.

Der Einsame
sucht mit den Blättern
die Tiefe
im November.

Der Einsame
fault mit den Blättern
in der Tiefe

und löst sich auf
in Einsamkeit.

Ehe aus Ruinen Staub wird

Immer neue Quader brechen
Unentwegt
Brechen unter deinen kühlen Blicken
Aus mir Nippfigur.

Ich schrumpfe
Unaufhaltsam
Auf einen minimalen Rest.

Doch
Ehe aus Ruinen Staub wird
Ohne eine letzte Spur
Korsett
Baue ich rings um meine
Überreste
Einen Gitterzaun

Um zu retten
Die noch verbliebnen Krümel
Meiner Existenz

Einbruch

Ein bergsturz kappt
das schillern deiner bunten flügel
und mäht dein lächeln
wie roten mohn.

Ein regentag
gibt dunkle hülle
und stützt sich schwer
auf dein revier.

Und wieder schwankt
die schmale hängebrücke

verebbt im sand
der weg
zu dir.

Einsamkeit

Geh heim
und pflück die Schneekristalle
aus der Winternacht
zu funkelnden Buketts

die spende unterm Kalksteinmond mir
meiner Gruft

Blüht er schon der Pfirsichbaum
blassrosa an der Mauer?

Brich einen weißen Ast
vom Stamm
gefüllt von Blütenduft

er leuchte mir
durch diese Nacht

durch diesen schweren Traum.

Erwachen

Im Zucken der Dämmerung
Stürzte der Götze vom Podest
Und brach sich
Das Genick.

Augen
Traten aus den Höhlen
Und rotierten ungläubig
Um die leere
Säule.

Als der Prinz durch die
Rosen schritt
Fiel der Zauber in sich
Zusammen.

Dornröschen erwacht
Und blickt
Fragen
In den Raum

Erinnerungen

Erinnerungen kleben
Wie ausgewaschene Tapeten
An meinen Wänden
Und mühen sich ab mit
Rekonstruktion.

Lieder
Weben ein Netz
Aus zitternden Maschen
Das holt dich ein.

Erinnerungen leuchten
Wie frisch gezogene
Tapeten

An unserem gemeinsam
Tapezierten
Raum

Eher so

Vielleicht:
gewitter über deine stirn
und quer durch tausend Sommersprossen
gewitter und dann
eis und felsenmauern
schroff wie everest.

Vielleicht
das tosen wilder bäche und das
peitschen wütender orkane
wetterleuchten in den dunklen
augen unter scharfen brau'n.

Vielleicht.
Doch eher so
wenn ich die festgemachte boje
tief in mir aufmerksam betrachte und
deine Silhouette im profil:

doch eher so wie
stille brunnen im September

oder feuer
die still um mitternacht
verglühn

Fegst du die Scherben fort

Stille.
Im Flur
in der Küche und in Räumen
webt
Verlegenheit.

Manchmal
wenn wir an den
Kühlschrank wollen
zur selben Zeit:

ein schneller Blick aus
Nachbars Garten
der flackert
und erlischt.

Du nimmst den Besen
sehe ich
und fegst und fegst
gehst, wie du mich siehst
ans Radio und drehst es an
um die Stille auszublenden
die knistert im Raum.

Fegst du auch die Scherben fort
die irgendwo doch müssen sein
von unseren zerschellten Illusionen

von unserem zerborstnen Traum -

Countdown läuft

Countdown läuft

und ich sterbe
Tag für Tag
ein Stückchen
mehr

Ich lege mich in Schnaps
in Wein
in brennend heißen Spiritus
gekrümmt aufs Totenbett

als Leitfossil
den Nachgebornen
mit einem schönen Namen

auf einem handgeschriebnen Etikett -

Erwachsen

Nacht wird es draußen
der Mond schaukelt
in seinem Stuhl

das Thermometer liegt
auf minus sechs

ich stehe am Fensterglas
und müsste dabei schon längst
aufs Klo

Ich staune anstattdessen
und bin
ein wenig
ein ganzkleinwenig
besorgt darüber

dass die Nacht einfach da ist
sternklar

kalt

und kein Bisschen mehr
an Fragen hat.

Frühlingstau

Mai lässt, ich weiß
die blaue Fahne flattern
hunderttausend gelbe Supernovas
auf der Wiese

Kirschbäume
weiß und blass wie
Firmlingsmädchen

Aufbruch aller Orten
ja ich weiß, der Mai –

Ja ich weiß
sehe dich an
und unsern Sohn

Winter liegt auf unsern Mienen
weites, weißes Feld

und unser Kind
tollt draußen mit dem Rad
und lacht und ruft

schmilzt bunten Tau
aus unserer
vereisten
Welt

Geborgen unter alten Scherben

Manchmal
knicken wir die parallele
unsrer schritte

und tasten uns
erstaunt
an neue augenblicke

und finden
geborgen unter alten
scherben

verdeckte

strandgutstücke

Geliebtes Wesen

Du warst ein halbes Leben
Mutter mir gewesen
Die andere Hälfte warst du
Geliebte mir
warst Freund
und Feind.

Ich hab ein Leben lang versucht
in deiner Art zu lesen
dir nahe zu kommen,
dich zu verstehen

doch war's vergebens, wie mir scheint.

Dein Wesen, denk ich,
werde ich auch nie begreifen
wie du die Dinge nimmst,
wie du sie siehst,

und ich werde auch noch weiter ratlos um dich
streifen

geliebtes Wesen du,

verhasstes Biest.

Hülsen

Manchmal sehe ich
den Hohlraum
meiner
Worte
klar vor mir

Hülsen
die ich streue mit
voller Hand

und sehe bestürzt dass
sie sich füllen

ohne mich

Intermezzo

Ruhe
flicht durch diesen
Ab
grund
dichtes Fallnetz
flockig
sacht

glättet sanft das
Wogenbrüllen
Ruhe atmet nach der Schlacht.

Bleibe
störbares Gebilde
hier als Gast an meinem
Strande
eine Stunde

oder aber eine lange lange Nacht

Gerade so

Ich sehr deine Lippen sich bewegen
gerade so,
als sprächest du.

Doch

wo bleiben deine Worte?
frag ich mich
und ahne:

irgendwo
zwischen dir und mir
treffen sie
auf Watte.

Ich möchte Worte an den Fingerspitzen

Ich möchte worte an den fingerspitzen
tausend wie husarenschwärme
tausend blanke degen oder
tausend kupfermünzen
brieftaube
dir und mir
fraglos ohne missverstehn.

Ich möchte an den flächen meiner hände
tauperlen
dir und mir nicht neu
fraglos aber so wie degenklingen
kupfermünzen
oder tau.

Ich möchte
nach den letzten tausend fragen
nach silberperlen nicht aus tau
nach tausend nadeldünnen degenspitzen
nach tausend kupfermünzen mit
verwaschner zahl:

Worte an den fingerspitzen
nicht tausend nein
nur bitte
zwei bis drei

Ich sammle deine Augen

Ich sammle deine augen
und klebe
deiner mienen
mosaik

ich füge dich aus
täglichkeiten
und aus den
kurzen blicken
wenn dein Vorhang
offen steht.

Ich kenne dich von
augenblick zu augenblick
als die unbekannte
die ich umkreise.

Ich habe dich umzingelt

dich

Illusion

Ich presste
meine Oberfläche
einen Atemzug lang
an deine Silhouette

Illusionen blühten
einen Atemzug lang
wie Pilze
längs der Naht.

Dein Blick röngte
als der Herbst kam
meinen Raum:

ich starb an meiner Leere

als Illusionen

stumpf

verblühten.

Im Fadenkreuz

Ich glaube
ich ziehe kreise
um dein wundes sein
und laure auf das tasten deiner
fühler

ich glaube
ich hab dich im visier
so wie ein pokerspieler

ich glaube
ich schneide von der luft
die uns umfließt
die besten stücke ab

ich glaube
ich lege dir nicht
einen neuen steg
nicht eine brücke

ich kreise um dein sein
und ziehe tiefe ringe
in die alte schlucht.

Ich weiß
ich treibe dich irgendwie
ich glaube, ohne zu wollen
langsam in die flucht.

Im Nebel

Es sprach der Nebel zur Sonne
die argwöhnisch wachte:

Komm, lege dich zur Ruh
und schlafe
schlafe
hüte deine Brandspurstrahlen
den Köcher leg beiseite
sachte

Sie sank
und legte trunken sich
auf weiches Lager
wurde schwer und matt

Und der Nebel kam
als sie lag in tiefem Schlaf
füllte Tal und Hügel
Häuser, Dorf und Stadt

deckte auch die Menschen zu
die schliefen darob ein
und liegen so seit Jahren -

so liegst auch du.

Kann dich nicht fassen

Ich strecke meine Hände aus
um dein Gesicht zu fassen
ich streichle es -
es fühlt sich an
wie kühles Porzellan.

Und unter ihm
ich sehe es
stürzt deine Hüfte ein

dein Körper wird zum
Blechgerüst
fallt scheppernd
hinterdrein.

Ich halte noch immer
deinen Kopf
mit klammen Fingern fest

ich küsse ihn
und leg ihn dann

ganz sachte zu dem Rest.

Herbst

Lautlos

blassazur der Himmelbogen
als ein müdes Zelt

Flugzeug
spielzeuggleich
zieht eine Furche aus Kondens

späte Insekten kritzeln
wirre Muster
in die kristallne
Luft.

Raschelnd blättert
Braun und Rot
ins kalte Gras.

Vergiss
den Feuerball
die Sonne

und schlüpfe zu mir
ins tauschwere
Grab

Hoffnung

Wie fern du bist!
Hab dich schon längt verloren.
Wie fremd du bist!
Wie auf dem Mars geboren

Seh dich vor mir
bist doch im selben Raum
Nein, bist nicht hier
bist unantastbar
wie in einem Traum.

Kann sein
dass einmal in der Nacht
aus einem Frühlingssternenzelt
ganz unverhofft und sacht

ein Stern vom Himmel fällt

Ruhe

Erdbeerblüten
blätter
um Dornröschenmund.

Schlafe
an diesem regennassen
Frühlingsmorgen

Schlafe
an diesem langen
Nachmittag

schlafe

Über deine wunden Augen
breite ich
einen sachten
Traum

Skulptur

Gefühle
Die aufblättern
Geißeln nach dir:
Gallert
Das ätzend
Dein Gesicht verschmiert

Und deine Augen tränen
Meine Wunden nach
Zersprungen
Unter meinen Fäusten die
Hämmern mir Arznei

Und mein Vergessen:
Du

Dann wenn du bist

Skulptur

Die ich erzwungen habe
Und verformt
Aus deinem
Material

Schöpfung

Ich habe mir geschaffen
den menschen
dich

geformt habe ich dich
als ich in den Spiegel sah
dich nicht aus erde zwar

aus not

um zu füllen meine leere

Ich habe mir geschaffen
dich
wie adam
gott:

als schatten
der aus dem Spiegel quillt
um mich zu streicheln

wenn ich weine

Sonnenuntergang

Der Bogen deines Gesichts:
Sonnenuntergang.

Rahmen um ein Gesicht
Das schmilzt.

Ausbleibt auf
Unerbittlicher Konstante
Der Lebensraum.

Was ist:

Vakuum
Das mich betört

Das Ende deiner Stimme:

du

Spielmann, singe

Spielmann
singe traute Weise
schlag die Laute
spiel Schalmei:

spiel
dann wollen wir vergessen
wenn es geht
und atmen frei.

Klammern schmieden dann
wir beide
um unsren Text
um Sophokles

legen Falten auf die Seite
und unsre Köcher
an den Strang.

Spielmann
spiele etwas schneller
schlag die Laute dass sie dröhnt

spiel Schalmei Oktaven höher

zwinge uns
in ihren Klang

Sprache

Was ich dir sage:

Komposition wie von Sirenen
Puzzlespiel aus Wünschen
und Verschweigen

Rankwerk voller Drehs und Pirouetten
Hohlraum
voller Rokoko

Dein klarer Blick mir gegenüber
ist Meißel
an meinen
Blendfassaden

zerfetzt mir meine Etiketten
knackt mir meine Seifenblasen
und meine Luftballons.

Was bleibt
bringt dich
bringt mich
zum Schweigen.

Spuren von Moos

Wenn die Brandung mich
An dein Ufer kippt
Bin ich eine einsame Woge.

Ich kralle mich an das Moos
Das dich verbirgt.

Mein Schicksal ist
Zerschellt zurückzutaumeln
Wenn die Ebbe kommt
Die rote Glut des Sommers.

Ich suche verzweifelt
Im Schlamm
Mein Wrack.

Und Spuren von Moos.

Zu gespannt die Leine

Dies ist das Morgengrauen
Das zu Ende geht
Fortdauern der Nacht –

Zwar sehe ich dich

Leuchtturm

Wie damals
Doch hast du
Andern Booten
Platz gestundet
An deinem Dock.

Mag sein:

Mein Anker war zu
Festgemacht
Und zu gespannt die Leine
Die dich
würgte

Warten

Zeit bläht sich auf zu riesigem ballon

Unwirksamkeit im pendel
an dem ich hänge

hän-ge

hän-ge

Kein muster
das den fluss zerhackt

kein komma
das die leere pflügt

kein grenzstein

der dich
wiederbringt

Einsamkeit

Den Donner habe ich
gebannt -
er schweigt sein
Tigergrollen

auch helles Lachen
Silbertränen
cholerischen Sturm im Geäst

Was bleibt:

ein letztes Flüstern
auf später Wiese
die unterm Herbstwind
den Sommer verhaucht.

Wie ich dich sehen soll

Du reichst mir einen Diamanten
einen Smaragd
und einen unergründlichen Saphir

Du schenkst mir eine Weise
auf einer Spieluhr
unbekannte Melodie.

Ich nehme dir die Edelsteine,
die Silbertöne ab

und baue eine Märchenfee daraus

nach deinem Wunsch
und Willen

Wir

Falle nieder
abendliche Kühle

leichter Windstoß dir
in deinem Fliederhaar
in deinem Antlitz
wühle

leg deine Stirn zur Ruh

Dämmerung zieht
die Mondspur
deiner Lippen
und zärtliche Minuten
weben uns ein Bett
ein Haus

Stille
über diesen Augenblicken

atmet ein

und aus.

Zu spät

Zu spät.
Urteil ist gesprochen.

Wie überreifes Korn an spätem Sommer
fallen diese Worte
täglich
stündlich wieder
schwer wie Schläge einer Axt

Zu spät

Wir hatten uns verkrallt
vor langen
Tagen langen
Jahren

um im abgrundtiefen Fall
nicht einsam
zu sein.

Wirklichkeit

Deine Hand
am Saum der meinen

An meiner Küste
dein Möwenflug

Wir üben
an diesen vielen
grauen Tagen

Das Bersten
unseres
kristallnen
Traums

Zurück

Hole unverzagt
kristalle heim aus der
vergangenheit

hauche blassen aquarellen
vergessne szenen ein
und schlüpfe dann hinein
in kinderreime:

so lösen sich
vertäute knoten
so heben sich
zerdrückte
blütenköpfe
perlen schmelzen
deinen blick

und tau
zerbröselt
ächzende fassaden.

April

einmal mehr dein kraftvoller Äther
cholerisches Wüten
an tiefblauem Zelt

Schleier von Regen
auf keimende Fluren
donnerndes Grollen
auf tiefschwarzem Feld.

Und lauwindig streichst du die
Mittage glatt
spielst leichtfingrig
keck
in ihrem Haar

weckst Ahnung
Erinnerung an frühe Jahre

Ein Märchen
halb Traumbild
halb wirklich
und wahr

Genesis

Gott
heute bin ich nahe dran
dich herzuholen
dich zu erschaffen aus Not und Qual

dich zu erfinden
Gott
nach meinem Willen
meiner Wahl

Ich setze dir eine Krone auf:
strahlend sollst du sein

weise dir einen Hofstaat zu
nicht zu üppig
nicht zu klein.

Wenn ich dann traurig bin
nicht weiß
wo aus noch ein –

dann rufe ich deine Nummer an
und du hast Trost zu spenden

für mich ganz da zu sein.

Könnte sein

Könnte sein
dass draußen der
Kirschbaum explodiert

Löwenzahn
in den Restwinter nagt

grüne Raupen
Käferscharen
über Hügenwellen ziehn

Kuckuck seinen Bannspruch klagt

könnte sein

Kalender tickt an meiner Wand
meint, dass Frühling müsste sein

Ob ich den Bau verlasse
für einen Augenblick
um einen Sonnenstrahl zu fangen?

Ich lege ihn in kleinen Stückchen
portioniert ins Weckglas ein

Am Rande

Ich sehe zu
Wie die Zeit sich
Zu Krümeln zerreibt

Der Abendwind
Staubfahnen hebt

Im Garten die Ernte
Verfault

Sehe ich zu

Zwar hält mir niemand die Arme
Auch keiner die Beine fest

Doch reg ich mich nicht
Und spinne mich ein

Ich bin eine welkende
Weide.

Herbst

Leuchtende Weide
Satte Schatten
Aufgebracht mit welker Hand

Baumskelette
Rot und gelb gefiedert
Kleben regungslos
Vor makelloser
Blauer Wand

Kein Laut.

Eine Krähe
Streift den Horizont
Eichhörnchen schleppt
an der Winternahrung
Und richtet sich
In heimeliger Höhle ein.

Ich weiß:
Es wird ein langer
langer
Winter sein

Frühlingfalter

Sonne über weichem Morgen
zaubert Töne
wie von einem Xylophon.

Raupe stirbt
lässt leere Hülle fallen
bunte Wolke fliegt davon

treibt davon doch ohne Eile
gaukelt
zittert irritiert

entfaltet Regenbogenflügel
vergisst die Nacht
die sich verliert.

Wesenheit aus Farben und Facetten

die erstmals
ihren Puls verspürt

Frühling

Hast du gesehn?
Ganz plötzlich siehst du
Blütenbäume stehn
so zart
und elfengleich!

Hast du gehört?
Vom Vogelstimmenklang bin ich betört
es murmelt sacht ein Frühlingsbach
ich bin erregt
wie bin ich wach!

Hast du gespürt?
Ein heißes Brennen hat wollüstig dich verführt
hat dich in seinen Arm genommen
bist jetzt noch ganz davon benommen

beschenkt und
überreich

Ich bin ein Herbstgeborener

Ich bin ein
Herbstgeborner:
verwandt mit kahlen
Bäumen
kühlem nassem
Laub

Ich gehe zurück
wenn Blätter fallen
und kalte Winde aus dem Norden
brechen ein

ich gehe zurück und
niste mich
in meiner
Wiege
ein

Kraftlos

Leben geschieht
währenddem ich schreibe
Zeile
um
Zeile –

ich liege am Kai
und spiele dem wütenden Orkan
der rüttelt und zerrt an meinem Gewicht
verträumte Weise
auf meiner Schalmei

und glaube Poseidon zu zähmen
in diesem gläsernen Nachen

auf diese zerbrechliche Art

Meinem Sohn

Ich habe Angst vor dir mein Sohn:

du holst mich ein
und greifst mit klammen ungeübten Fingern
noch

nach meinem
Sanduhrrest
Leben

Menschwerdung

Du hast deinen
Adler abgeschossen

verbrannt
sein schimmerndes Gefieder

bist selbst darob zu Fall gekommen
fielst selbst mit ihm darnieder

Bist nun ein Mensch.
Ob sich das lohnt?

Ein Sandkorn wird
zum Berg

du siehst nicht mehr
den Horizont

lebst weiter nun
als Zwerg

Nimm dich in Acht

Versuch
den Bären einzufangen
ehe er die Milchkuh reißt

Versuch
den Wolf im Wald zu stellen
eh er deine Kinder beißt

Dem Adler gehe ans Gefieder
Sieh, wie er dein Haus umkreist!

Und rasch ins Feuer mit dem Egel
der sich von deinen
Adern speist.

Nimm dich in Acht,
der Tag wird düster
verdunkelt steht dein
Hofgeviert

nimm dich in Acht
lieg auf der Lauer -

wer weiß
was in der Nacht passiert -

Non-Sens

Solange ich schreibe
von Gott und der Welt

grundsätzlich besinne
global tiefsinnig bleib

solange ich baue
ätherische Burgen

das Weltall beschaue
die Blaue Blume beschreib –

solang sei'n die Verse
die so entstehn

den Flammen gewidmet

mögen zu Asche
verwehn

An die Poeten

kaugummiblasen
schäumen wir auf
zu gewaltiger architektur

gewaltig wie
gotische dome
so hehr:

lieder
in äther geätzt

Sprüche
zu blasen geklopft

weisen
mit tönen aus schnee.

Selbstbestimmung

Einmal spricht die trommel
ihren letzten
marschtaktwirbel
wird leiser und verschont
denjenigen
der gezwungen war zu gehn.

Einmal stolpert auch der wandrer
über seinen letzten
stein im weg
steht still und blickt sich um
ohne neuen zwang zu gehn.

Nicht schweigen wird darob der
peitschenschwinger
und es wird sein
der fall von
rom.

Schweigen wird jedoch die trommel
nach dem letzten marschtakt
wirbel

und eignen weg wird finden dann
der wandrer

zu seinem takt
eigene melodien

Was dann

Was dann
wenn die tore sich öffnen
die schleusen

lasciate ogni speranza voi che entrate
lasciate!

Einbruch der flut
 - lasciate -

Vielleicht
ein punkt im nebel

vielleicht
ein kompass irgendwo

vielleicht
trotz alledem

ein kleiner kienspan
möglichkeit.

Was ist geschehn?

Sommer ist ins Land gezogen
es war ein Frühling
wie es keinen gab
so voller Grün und
voller Blüten
von Vogelstimmen
und von Düften voll.

Und Elfen wisperten am Wasser
feingliederige, sanfte Feen
an silberheller muntrer Quelle
die übermütig aus dem Felsen quoll.

Doch da,
da gab es diese schwarzen
Wolkenknäuel
die sich gewaltsam
vor die Sonne schoben
mit einer Drohgebärde
nicht zu übersehn -

wer brach da mit Gewalt
in die Idylle ein?

Was ist geschehn?

Der Brunnen

Wenn er ganz leise sei
Und dem Lärm seiner Gedanken widerstehe
Dann hebe der Brunnen zu sprechen an.
Er träte nicht in einen Dialog:
Er führe Selbstgespräche
Und dann –
Plaudere er vom Überfluss
Davon, dass jeder hätte
Und bekäme
Ohne Unterschied des Alters
Und Geschlechts
Da er will
und muss.

Er erzähle davon
Dass allerdings nur der erhielte
Der die Hände zu einer Schale formt
Sich bückt,
wartet und fließen lässt.

Er spreche vom Sonnenlicht
Das in seinem Strahle spielt
Vom Regen, seinem Anverwandten
Der sich mit ihm verbindet

Davon
Dass alles kommt
und schwindet.

Wer etwas zu sagen hätte

Wer etwas zu sagen hätte
in dieser Zeit
der schweige
und hämmre aus den
ungebornen Worten
stählerne Tat.

Wer zu schreien hätte
wie wir alle alle in dieser Zeit
der sammle seine
ungebrüllten Schreie

und bündle sie
zu tosendem Orkan

(Während unsre Worte fallen, sich türmen zu
Müll und Schrott, windet sich das Universum in
letzten Zügen)

Zeit die bleibt

Zeit, die mir bleibt:

ein knäuel manchmal
eng verstrickter fäden
verwoben
und verpackt
zu einem ballsprung
nu.

Zersprungnes gummiband.

Und wieder dann
in kirchturmuhrschlägen

entwirrt und
aufgetrennt

Labyrinthe voller fäden

mit mir
als fadentänzer

Testament

Er hat in seinem Leben sich gestreckt,
hat sich geduckt
hat manches Mal sich selber,
oft aber auch den andern
in den Napf gespuckt

war manches Mal zuvorkommend,
sogar beflissen
dann wieder ekelig
und auch gerissen

hat oft an fremder Last
gezogen und getragen
ging ohne Warnung dann wieder
irgend jemand an den Kragen

verkroch, versteckte sich
und mied die Leut
versuchte andrerseits sich
immer wieder mal als Therapeut

man konnte sich in seiner Nähe
nie entspannen und erholen -

geb Gott ihm Ruh
ihm sei die wirre Seele
aufs wärmste nun empfohlen.

Dem Nachfolger

Wo bleibt ihr nun
ihr klagenden Lieder
ihr Bardengesänge
du düstres Geläut?

Verbannt
aus meinem Fegefeuer
und aus meinem
Eden
irrt ihr nun
ihr Niegesungenen
und macht euch breit
in andren Sphären.

Hinter meinem Gartenzaun
zieht ein neuer Nachbar ein:

seid artig
lasst euch bezähmen!

Nel mezzo del cammin ...

Blatt
für
Blatt
fiel ab

nun stehst du da
mein Baum
kriechst schwarz und dürr
durch Zeit und Raum

Was
wenn die tönernen Äste
fallen -
was dann?

Sprünge klaffen
wie ich sehe

längst
im Stamm

BALLADEN

UND

ERZÄHLGEDICHTE

ENDE DER KINDHEIT

Mutters Brust hast du verlassen
Hast sie zur Gänze leer gesogen
Seh dich nach andern Quellen fassen
Fühlst dich verlassen und betrogen

Suchst nun ein Leben lang nach Brüsten
Saugst da und dort von Dur bis Moll
Suchst stets nach Drogen und Gelüsten
Stopfst dich mit leeren Hülsen voll.

Und innen bleibt ein Ungenügen
Ein Ahnen, dass du stehen bleibst
Erkennst den Irrweg und die Lügen
Dass du in einem Tümpel treibst.

Wachst auf und machst die ersten Schritte
Sagst nein, auch wenn der Hunger schreit
Bist auf dem Weg zu deiner Mitte

Bist aufgewacht.

Du bist bereit.

Der Erlöser

Er kam
Will heißen:
er erschien
Und sprach also
zu den am Berg Versammelten:

Dass er der Messias sei
Das sehe man ihm ja wohl an
Und man beachte tunlichst seine Aura.
Er sei der Erlöser
Aus der Wurzel Jesse
Entsprossen aus König Davids Haus.
Er würde mit den Räubern speisen
Auch mit Zachäus
Dem Verhassten
Und er nähme gerne auch Huren auf
In seinen elitären Klub der Zwölf.

Dann wandte er sich den Sterblichen zu
Die zu seinen Füßen kauerten
Und atemlos seinen Worten lauschten
Und also sprach sein Mund:

Er hätte aus der Geschichte gelernt
Und verzichte
Auf die Erfahrung des Ölbergs
Und auf die am Kreuz.
Wohl aber strebe er an
Unsterblichkeit.

DER BETAGTE JÄGERSMANN

Da hängen sie in Glied und Reihe
Die stolzen Hörner und Geweihe
Samt Fotos in geschnitzten Rahmen
Mit vielen Herren, wenig Damen
Allesamt in Jägergrün
Trotzig, motzig, batzig, kühn.

Und mittendrin das Bild aus Polen:
Nun gut, der Hirsch, der war gestohlen
Den schoss ein polnischer Kollege
Aus einem Hirschaufzuchtgehege.
Wen kümmert's? da ist der Beweis:
Die Flinte dampft, sie ist noch heiß.
Der Schnappschuss zeigt, so wie es war
Da ist der Hirsch, und dort der Star.

Der alte Waidmann steht verträumt.
Wie hatte er doch aufgeräumt!
Hirsche, Rehe, Bock und Has
Bissen scharenweis ins Gras.
Doch vergangen sind die Jahre
Schlohweiß sind nun seine Haare
Vorbei ist es, das Spüren, Wittern
Die Hände schwer, und ach, das Zittern!
Sie können kaum die Büchse heben
Der Bock bleibt solcherart am Leben!

Doch wartet er, man weiß das schon
Wie süchtig auf die Jagdsaison
Dann lässt er sich, die Lefzen triefen
Auf seinen alten Hochstand hieven
Er ächzt und stöhnt, dass Gott erbarm
Hält sich mit Wärmeflasche warm
Ein Grog vertreibt die kühlen Brisen
Und wehrt dem Schnupfen und dem Niesen
Das würde nur das Wild verscheuchen
Umsonst wär all das Ächzen, Keuchen
Das Warten auf die Gunst der Stunde
Erlösung aus berufnem Munde:
„Der Hirsch ist da! Jetzt halt die Büchs
Sonst ist's auch diesmal wieder nix!"
Der alte Waidmann ist erregt
Seht nur, wie er ins Zeug sich legt
Er zielt, mit Hilfe der Kollegen
Und ihre Hilfe ist ein Segen
Das Zittern bleibt unter Kontrolle
Er fühlt sich ganz in alter Rolle
Kommt in die Wallung, kommt in Schwung
Er fühlt sich fit, beinahe jung.
Ein Schuss erschallt im Morgenrot
Der Hirsch fällt um und er ist tot.

Warum er ward dahingerafft?
Der Neid war's auf die Manneskraft
Du weißt es und verstehst es schon:
Es ging um das Testosteron

Der alte Jäger wollte hier
Der einz'ge sein in dem Revier
Mit Anspruch auf die vielen Geißen
Man sollte seinen Anspruch preisen
Er sei der Stärkste im Revier
Der Bulle und das Alphatier.

Der Hirsch der hat ihn provoziert
Nun ist geklärt, wer lenkt und führt.

WEIHNACHT

Stille Zeit.

Auf Feld und Flur
in Wald und Heid
auf Acker, Wiese, Garten
schlummern Stein und Bein.

Oh du stille Zeit!
Ahnung naher Ewigkeit –

Klebrig legt sich
bleicher Schnee
auf Feld und Flur
auf Wald und Heid
und auf die Gottesäcker –

die Holle lügt
täuscht Frieden vor:

im Neuschnee Stiefelspur

Traum schält sich langsam aus der Nacht
kein weicher Traum
kein sachter:

Gewitter über Osten, Westen
Donnerhall auf Nord und Süd

Pilze platzen
Schnellen ihre
Sporen in den Raum:

Apokalypse wächst empor
Zum letzten
Weihnachtsbaum

MEIN SÜDTIROL

Ich bin dir nie ein guter Sohn gewesen
nein, das war ich wirklich nicht
war in deinen Augen immer einer von den
Argen, Bösen
ein anderer, einer, der viel denkt und wenig
spricht.

Ich bin ein Leben lang an deinem Zaun
gestanden
hab deine Lob- und Preisgesänge tausendfach
vernommen
"Wohl ist die Welt", "Zu Mantua in Banden"
bin darin groß geworden - und beinahe
umgekommen.

Ich bin dir nie ein guter Sohn gewesen
nein, ein solcher war ich dir wirklich nie
hab keine Tirolensien gelesen
und gebetet hab ich - frag nicht wie.

Ich war viel eher einer, der im Stillen fluchte
der hier und dort was auszusetzen fand
war einer, der selbst im Paradies den Schatten
suchte
der stets ein ganzkleinwenig abseits stand.

Nun bin ich hier, es neigen sich die Tage
die Stimme dünn, mein Trotz ist ohne Schmiss
schön langsam wird der Einzelkampf zur Plage
abgenutzt die Nägel, stumpfgeworden mein
Gebiss.

Irgendwann fragst du mich: Und, wie geht es
weiter?
Vom Vielen ist dir Weniges bis nichts gelungen
zwar warst zeitlebens du gewiss ein guter
Streiter
hast da und dort dein Beil geschwungen

für diesen da, für den da und für jenen
warst auf Konfrontation beinah versessen
man ließ dich tun, agieren, schreiben, reden -

doch hast du dich, dein eignes Leben
darob ganz vergessen.

ACH DU

Ich bin mit dir vertraut geworden irgendwie
und merkte nicht einmal wie das geschah

es war nicht Liebe, auch nicht Sympathie
als damals ich zum ersten Mal dich sah.

Du warst um mich
ganz selbstverständlich, wie ich fand
so nahm ich dich
beiläufig, so wie einen Gegenstand.

Und damit wuchs ich auf
wurde älter doch darob nicht weiser
nur müde wurde ich von meinem Lauf
- und vielleicht ein bisschen leiser.

Ständig wollt' ich anders dich,
immer anders, als du bist
versetzte dir auch manchen Schlag,
und manchen Stich
zerrte an dir mitunter mit Gewalt
und manchmal auch mit List.
So fochten wir von Tag zu Tag.

Und dann, dann reichte ich die Scheidung ein
und suchte anderswo mein Glück.

Doch konnt' ich nirgend anders glücklich sein
und kehrte kleinlaut und zerknirscht
in deinen Schoß zurück.

Jetzt, nach soviel ruhelosen Jahren
fühl ich mich bei dir zunehmend wohl
bette mich zur Ruh in deinen wunderbaren
weichen Armen,
an deiner Brust,
ach du mein Südtirol.

IN DIESEM KLEINEN LAND

Gibt Menschen hier in diesem kleinen Land
die glauben
Wir sei'n des Universums Nabel
Und draußen sei'n die anderen, die sengen,
morden, rauben
Sodom und Gomorrha, ein Chaos sei da und
ein Babel.

Gibt Menschen hier, die holen sich zu ihrem
Glück
Was immer sie am großen Fressnapf reizt
Nehmen sich daraus das schönste Stück
Und lachen hinter unserm Rücken, und das
dreist.

Gibt Menschen hier, die sind ganz einfach
überzeugt
Dass sie, nur sie verstanden haben, wie der
Hase läuft
Dass ein Verräter sei, wer sich da drückt und
beugt
Und nicht nach ihren selbstgestrickten Utopien
greift.

Gibt Menschen hier mit jungen schwachen
Wurzeln
Bewegen sich auf fremd gebliebner Erde

Die jedem Demagogen in den Fressnapf
purzeln
Wie eine dumpfe, aufgescheuchte Herde.

Ja, und dann sind Menschen hier, ist wohl ein
kleiner Haufen
Da und dort, verstreut, an dieses schönen
Fleckchens Rand
Denken mit dem eignen Kopf und lassen sich
nicht taufen

Und gehen unter hier in diesem kleinen ach so
schönen Land.

O DU SCHÖNES SÜDTIROL

Land der Feste
und der Prozessionen
Land der Gäste
Land der Subventionen

oh du schönes Südtirol!

Ist ein Ländchen
ist das beste
Land zum Bleiben
Land zum Wohnen
mein geliebtes Südtirol!

Ach, ich bliebe doch so gerne
gäb's nicht diese Jammerei
dass zu wenig Gelder fließen
dass die Reben nicht recht sprießen
dass die Ernte dieses Jahr
nur unerheblich besser war.

Dann der Ausverkauf der Berge
und die große Kriecherei
vor den Kunden und den Gästen

andrerseits sind wir die Besten
antiwalsch und fromm und frei.
Ach das Land, das ich so liebe
oft ist es mir schwer wie Blei.

Ja, die Berge
ja die Höhen
und die Burgen überall

Rosengarten und die Zwerge
und des Jodelns Widerhall
sind für jenen und für diesen
alles Glück auf dieser Welt

wenn die Edelweiße sprießen
und der Groschen reichlich fällt.

Ja, dann lass dich hellauf grüßen
schönstes Land auf dieser Welt!

Lass dich grüßen aus der Ferne
laut mit einem Becher Wein!

Möchte doch, wenn ich mal sterbe
Nirgends sonst begraben sein!

DE EFFICIENTIA CLAMORIS

Wir lesen, werte Kampfgenossen
in alten Schriften mancherlei
von hohen Herrn auf hohen Rossen
von Bauernfron und Tyrannei.

Dem Kund'gen zeigt sich die Geschichte
als Management von Kirche, Staat
und zeigt sich so in diesem Lichte
als Barbarei am Proletariat.

Ob König, Kaiser, Pharaonen
ob Pfaff, ob bourgeoise Klassen
immer waren's feiste Drohnen
gemästet von den Hintersassen.

Ich weiß, euch freut's wie mich, Genossen
dass damals schon Parolen fielen
immerhin ist Würgerblut geflossen
in manchen Bauernkriegen.

Doch will ich fürder nicht verweilen
bei abgestaubter Historie
will sehen, was wir heute treiben
bezüglich heut'ger Despotie.

Ganz recht, ich komm zu uns, Genossen

zu uns und unserer Aktion
was machen wir mit heut'gen Bossen
was ändern wir an heut'ger Fron?

Nun ja, wir kennen, marxbelesen
so dies und das von Preis und Lohn
sind hier und dort aktiv gewesen
am Schreibtisch oder so, pardon.

Der Phrasen harn wir viel kreiert
Zettel gedruckt und auch verteilt
manch langes Stündchen debattiert
und unsren Wortschatz ausgefeilt.

Geändert hat sich dabei schon
so dies und das und mancherlei
und zwar im Sinn von mehr an Phon
in Form von Kader und Partei.
Und die Moral, ich bin so frei:
unwirksam bleibt bloßes Geschrei!

DE HUMANITATE CIVIS

Der Tag war lang, die Arbeit schwer
der Chef wie eh und je
drum holen wir uns ein Bierchen her
und plumpsen ins Kanapee.

Danach kommt das Tobakpfeifchen dran
so fühlen wir uns erst daheim
und weil das Eheweib noch nicht kam schalten
wir den Fernseher ein.

Da läuft grad die Fernsehreklame
da schauen wir nicht so genau
doch schon kommt die Ansagedame
und mit ihr die Tagesschau.

Das ist es, was uns interessiert
na ja, neben Fußballspielen
immerhin sind wir politisch versiert
sparen nicht mit unsren Gefühlen:

Da kommt so dies und mancherlei
wir schimpfen und gestikulieren
und sind mit Rabautz und Geknirsch dabei
wenn die Unsern die Wahlen verlieren,

beziehungsweise wird Schmerz verspürt

wenn Meldungen kommen wie diese:
In Chile hat man zwölf Mann massakriert
oh Zähre, komme und fließe!

Irgendwo ist ein ganzer Hof abgebrannt
zwei Kinder und dreizehn Kühe
wir schenken uns Bier nach mit zittriger Hand
verschütten die Hälfte der Brühe.

Echte Menschen sind wir, der Masse zum Hohn
von edlem Gemüt und human
drum lechzen wir eben nach Information
und drehen den Fernseher an,

und denken, während die Zähre verrinnt,
fühlen uns im Innern als Held:
Wenn alle nur wären, wie wir's eben sind
Dann stände es gut um die Welt.

Die Moral, ich hoffe, dass ihr mich versteht:
Es ist trotzdem nur Fernsehaktivität.

MACCARONI-SET

Ein Volk, was meint: ein bunter Haufen
Der lieber döst anstatt zu laufen
Ein Schwätzchen da, ein Schläfchen dorten
Mit vielen Gesten, noch mehr Worten

Ein Volk von Schläfern und von Müden
Mit steilem Fall von Nord nach Süden
Dies Volk bezieht sich, weil's bequem
Aufs Alte Rom, das ist doch schön.

So glaubt das schlichteste Gemüt
Es sei von klassischem Geblüt:
Auch wenn es mit der Sprache hapert
Wenngleich das Mundwerk stetig klappert

Obgleich der Bildungsgrad im Keller
Glaubt er, er sei weit kultureller
Als jedermann vom Rest der Welt.
Des Hahnes Kamm ist stolzgeschwellt.

Dieses Wesen, wenig kritisch
Ist naiv, das auch politisch
Sodass ein jeder Scharlatan
mit diesem Volk verfahren kann

ganz wie er will, ganz nach Belieben

man wird ihm folgen, wird ihn lieben
trotz allen Schutts, trotz aller Scherben
mit ihm rennt gern man ins Verderben

verkauft als Sieg dann den Bankrott
bejubelt weiter seinen Gott.
Und legt beruhigt sich ins Bett –
Man hat ja Media und das Set.

MORITAT ÜBER DIE SCHWIERIGKEIT, GEGEN DEN STURM ZU SCHREIBEN

Oder: Und ewig lockt der Mammon

Es war einmal, nicht lang ist's her
in heimatlichen Landen
ein Schreiberling, verarmet sehr
in seinen kahlen Wanden.

Nicht, dass man meint, er war bequem
beschränkt oder dergleichen!
Er schrieb so manchs übers System
von Not und feisten Bäuchen.

Vielleicht, weil er zu kärglich aß
Roch er der Reichen Braten
aus Quellen, die er eifrig las
wusst' er von üblen Taten

die man hier da und dort beging
und stets an armen Schweinen
schrieb über manches krumme Ding
packt' aus, verschonte keinen.

Er schmiedet' Verse jahrelang
Hexameter mit Füßen
und schickt' den Krempel, weil er stank
der Verlagsanstalt mit Grüßen...

Er bestritt die Wochen nach dieser Tat
mit Brot und Margarine
und wartet' ergeben wie ein Schaf
dass endlich ein Bändchen erschiene.

Ein Brief erschien ein Jahr darauf
als Antwort auf sein Dichten:
"Wir lasen Ihren Schimpfauflauf.
Auf Sie könn' wir verzichten!"

Der Schreiberling, im Rückgrat weich
obwohl voll gift'gem Geifer
dacht' sich: So werd' ich schwerlich reich!
und wurde ein Überläufer

warf, was bis jetzt geschrieben ward
auf einen großen Haufen
rasierte sich den Ulbrichtbart
bekehrt' sich, ließ sich taufen

las meterweise Klassiker
von Sophokles bis Goethe
und gab die schrille Fiedel her
spielt' fortan Hirtenflöte,

drückt' da und dort zwei Augen zu
bald auch die Hühneraugen
sah weg, duckt' sich, vergaß im Nu,
lernte, nicht hinzuschauen

schaut`, was die Arrivierten schreiben
kopierte eifrig, blieb im Trend
bestrebt, sich nirgendwo zu reiben
zeigt` sich politisch abstinent

und wandte seine Augen nun
ins schöne Land Tirol
erzählte, wie sich rings herum
das Völkchen fühlt so wohl

beschrieb durch lange Seiten dann
die Sonnenuntergänge
und rezitierte dann und wann
Folklore und Gesänge.

Er schickt' den Ausguss mit dem Flair
von Bergeshöh und Wald
nach Edelweiß, was will man mehr?
devot an DIE Verlagsanstalt.

Und diesmal schrieb man ihm behend
ganz wunniclich und hold:
„Sie sind ein echtes Schreibtalent,
sind akzeptiert, die Sache rollt!"

So endet diese Moritat
die durchwegs lehrreich ist:

berühmt wird man mit Plagiat
reich als Opportunist.

PETITION

Wir bräuchten wieder ein paar Feinde
Mr. President
bewilligt uns ein Dutzend
oder zwei
denn wisst:

die Hymne klingt ein bisschen
schal in letzter Zeit

das Image unserer Nation
hat Patina
und unser Adler
seht nur!
hat die Mauser im Gefieder -

der Wähler knurrt und bleckt die
Zähne hinter der Kandare

Ein paar Feinde,
wie gesagt
sind Medizin in dieser
Wirtschaftslage
damit die Meute was
zum Reißen hat
und fern uns bleibt

von unserm schönen
Weißen Haus -

RETTET DIE KATZ!

Das Telefon schrillt im Tierschutzverein
und gibt das Notstandssignal
ein ältliches Fräulein stürzt herein
greift zum Hörer, wird blass und fahl.

Sie macht die Ohren lang und spitz
und hört mit Entsetzen die Nachricht
kritzelt mit zittriger Hand Notiz
währenddem jemand aufgeregt spricht.

„Wir machen sofort Lokalaugenschein,
wir kommen gleich mit Sirene!"
„Oh rettet das Kätzchen aus Not und Pein!"
jammert's am anderen Ende.

Ein Tierschutzmobil kriegt Funkbefehl
und heult durch beschriebene Gassen
mit Zeter, mit Mordio und mit Krakeel
um einen Wüstling zu fassen.

Der Mann, der wimmert Gnade, er sei
dem Vieh auf den Schwanz zwar gestiegen
doch schwört er, es war keine Absicht dabei!
Man brüllt, das seien nur Lügen!
Er wehrt sich, man schlägt ihm brutal ins
Gesicht

und streichelt das arme Tierchen
den Mann, den zerrt man vor das Gericht
die Katz kriegt ein freundlichs Quartierchen.

Ein Rat, oh Bürger, mit Dringlichkeit
von einem Katzenschinder:
hast du Verlangen nach Grausamkeit
so halt dich an deine Kinder!

(ZU) SPÄTE ERKENNTNIS

Die Katze sagte zu den Mäusen
Dass sie was ganz Besondres wären
Sie hätten Klauen, hätten Tatzen
Und sei'n verwandt gar mit den Bären.

Die Mäuse fühlten sich darob geadelt
Trippelten einher mit stolzgeschwellter Brust
Und wer die Falle roch, wurde getadelt
Ein leichtes Spiel – der Katze war das wohl
bewusst.

Im Mäusekino gab's fortan nur solche Streifen
Die Katzen zeigten, edel, selbstlos und von
Herzen gut
Wenn ein paar Mäuse buhen wollten oder
pfeifen
Ernteten sie der andern Mäuse Wut.

Im Fernsehen zeigte man die Supermaus beim
Käsestemmen
Verwandt im ersten Grad mit Superman, dem
Helden
In Speisekammern sah man Mäuse schlemmen
Und Katzen hatten hierbei nichts zu melden.

Schlussendlich fühlten sich die wackern
Nagetiere
So groß und stark wie es nur Riesen sind

Giganten so wie Nashörner und Stiere
Mehr Wirbelsturm als Lüftchen oder Wind.

Die Katze sah das Spiel mit Wohlgefallen
Und wartete geduldig auf die rechte Zeit
Ließ schon einmal die Korken knallen
Und war zum nächsten Schritt bereit.

Sie holte nun mit Schnurren und Miauen
Die weit verzweigte Sippschaft her aus nah und
fern
Sie konnte fest auf ihre Stunde bauen
Darauf, dass sich entpuppt des Pudels Kern.

Die Mäuse sahen wohl der Katzen Aufgebot
Und stellten selbstbewusst sich auf in Reih und
Glied
Ihr Häuptling piepste frech: „Ihr leidet
offensichtlich Not!
Die Teller leer, der Hunger groß so wie man
sieht!"

Das waren seine und auch seiner Sippe letzte
Worte
Sie waren kollektiv den Katzen in den Bauch
marschiert
Die aßen Mäusegoulasch, und zum Abschluss
Mäusetorte.

So kommt's,
wenn man den Blick für seine Grenzen
ignoriert.

Einige lebensgeschichtliche und berufsbezogene
biographische Daten

Geboren am 18.9.1948 in Völs am Schlern.
Unterricht an Grund- und Mittelschulen bis zur
Übersiedlung nach Salzburg 1974. Verheiratet mit
Helga Vieider, Psychotherapeutin. Sohn Phillip
kam 1977 zur Welt. Zurückgekehrt 1982 und
seitdem Unterricht an der MS Kastelruth bis zur
Pensionierung 2015 als Fachlehrer für
Geschichte, Erdkunde und Deutsch. Tätigkeit in
der Lehreraus- und Fortbildung.

Ausbildungen und weitere Tätigkeiten:
Germanistik/Materie Letterarie in Innsbruck und
Padua ("Supplentenkurse"). Abschluss mit
Doktorat 1984. Zweitstudium in Psychologie und
Psychopathologie in Salzburg. Therapieausbildung
n Klientenzentrierter Gesprächspsychotherapie
nach Rogers und Gestalttherapie nach Perls. 4
Jahre Leiter der Sozialpädagogischen Jugend-
wohngemeinschaft in Salzburg Stadt und St.
Johann/Pongau. 5 Jahre Leiter der Hoch-
schüler/innenschaft in Salzburg.

Literarische Arbeit:
Erstmals öffentlich wurden E. Perkmanns
Arbeiten in den siebziger Jahren im Literaturkreis
um den Promotor Südtiroler Literatur Alfred
Gruber. Gedichte wurden in diversen Zeitschrif-
ten, u.a. im „Skolast" und in der „Distel" ver-
öffentlicht. Im Rahmen des Literaturkreises „Kreis
Südtiroler Autoren" erschien in der „Diskussions-
reihe Südtiroler Autoren" eine Publikation unter

dem Titel „Studien zur Maske". Eine Lesung wurde in Telfs, Tirol, von der RAI (lokale Fernsehanstalt) aufgezeichnet. Weitere Rundfunksendungen von RAI Südtirol mit Heidi Tschenett (Hexenprozesse auf Schloss Prösels), eine einstündige Sendung mit Frau Bragagna (Schloss Prösels für Kids) sowie eine Sendung mit Gertraud Sanin (Lehren - oder die Kunst, Fenster zu öffnen). Die Beschäftigung mit Schloss Prösels in Südtirol führte zu vier Publikationen: Die erste 1990, „Schloss Prösels. Text und Bildimpressionen" zusammen mit dem Künstler Ivo Rossi Sief, dann 2006 im Auftrag der Gemeinde Völs am Schlern die Gedenkschrift zu den Hexenprozessen, eine literarisch verarbeitete Recherche.

Nun liegen in der Konzeption eines literarischen Schlossführers „Schloss Prösels lebt!" und „Schloss Prösels für Kids" (beide im A.Weger-Verlag, Südtirol, erschienen) vor. Dazu kamen 2015 zwei weitere Arbeiten: „Remis. Abgebrühtes und Ausgekochtes im ewigen Kampf der Geschlechter", ein Feuerwerk aus sarkastischen und humorvollen Versen, sowie anlässlich der Pensionierung der Essayband „Lehren – oder die Kunst, Fenster zu öffnen" (Verlag A. Weger) mit einem Interview in RAI Südtirol. Ebenfalls 2015 erschien der Gedichtband „Unterwegs zum Horizont". Diese Bände sind im Buchhandel erhältlich. Am 1.10.2015 kam als sechstes Buch "Weihnachtliche Stallgespräche" hinzu.
Elmar Perkmann ist Mitglied im Südtiroler Künstlerbund.

MIX

Papier | Fördert
gute Waldnutzung

FSC® C083411

Zeitfracht Medien GmbH
Ferdinand-Jühlke-Straße 7
99095 Erfurt, Deutschland
produktsicherheit@kolibri360.de